¡APRENDE YA!
A TOCAR EL
ACORDEÓN DE BOTONES

POR FONCHO CASTELLAR

T0066062

Para obtener acceso al audio, visite:
www.halleonard.com/mylibrary

Enter Code
5592-0267-4782-3342

Cover photography by Randall Wallace
Interior design and layout by Len Vogler

ISBN 978-0-8256-2876-4

Visitar Hal Leonard en linea a:
www.halleoanrd.com

Contatenos:
Hal Leonard
7777 West Bluemound Road
Milwaukee, WI 53213
Email: info@halleonard.com

En Europa, contacto:
Hal Leonard Europe Limited
42 Wigmore Street
Marylebone, London, W1U 2RN
Email: info@halleonardeurope.com

En Australia, contacto:
Hal Leonard Australia Pty. Ltd.
4 Lentara Court
Cheltenham, Victoria, 3192 Australia
Email: info@halleonard.com.au

Índice

Cómo usar el Audio

En el audio podrás escuchar como deben de sonar los ejercicios. En cada ejercicio está indicado el número de pista que correspone al audio. Echucha cada ejercicio y luego toca con el acompañamiento. Recuerda practicar a diario.

1. Notas del acordeón
2. Escala de Do Mayor
3. La blanca
4. La negra
5. La corchea
6. Mezcla de Ritmos
7. Un, Dos, Tres
8. Pim Pom
9. Himno a la Alegría (Una nota)
10. Escala Mayor (Do y Sol)
11. Alteraciones
12. Acordes Mayores
13. Acordes 1
14. Acordes 2
15. Acordes 3
16. Arpegio 1
17. Arpegio 2
18. Arpegio 3
19. Arpegio 4
20. Escala de Do en terceras
21. Melodía sencilla con dos notas
22. Himno a la Alegría (Dos notas)
23. Escala de Do en $\frac{3}{8}$
24. Escala de Do en $\frac{3}{8}$ (dos notas)
25. Arriba Juan
26. Cielito Lindo
27. Ejercicio con arpegios y dobles notas
28. Tocando Bajos 1
29. Tocando Bajos 2
30. Tocando Bajos 3
31. Tocando Bajos 4
32. Tocando Bajos 5
33. La Cumbia Currambera
34. La Casa en el Aire
35. La Cumbia de Judy
36. Jaleo 1
37. Jaleo 2
38. Jaleo 3
39. Jaleo 4
40. Jaleo 5
41. Pista para practicar

Prólogo

El *acordeón de botones* (algunas veces llamado el acordeón diatónico, acordeón moruna, o sinfonía) tiene una historia muy larga. Por muchos años ha sido usado para embellecer folklores musicales de muchos paises y es por esto que este instrumento goza de un alto grado de popularidad. Tocar el acordeón trae un gran entretenimiento para consigo mismo y diversión para todos. Como el instrumento es muy popular he elaborado este método, *¡Aprende ya! A tocar el acordeón de botones*. Donde el estudiante aprenderá los principios fundamentales de la música. Con un poco de práctica diaria, usted podrá llegar a expresarse musicalmente tocando melodías populares como: cumbias, vallenatos, rancheras, merengues, boleros, salsas, tangos, *etc*. Este método le ayudará a aprender de una manera fácil y sencilla con la cual podrá demostrar sus conocimientos en frente de sus amistades en muy poco tiempo.

Foncho Castellar

Introducción

El acordeón de botones ha sido, desde hace mucho tiempo, uno de los instrumentos favoritos de las naciones europeas. Y como resultado de la gran popularidad en toda America, hemos desarrollado este libro, el cual le puede servir de profesor y/o guía. Es bastante difícil conseguir profesores de este instrumento, por este motivo el método está escrito de una manera didáctica, la cual le ayudará a cumplir su deseo de aprender este popular instrumento.

El aprender a tocar el acordeón de botones no es nada difícil. Siga los pasos uno por uno y ejercite bien los dedos, ya que para tocar el acordeón se necesita mucha digitación.

Para el estudio de el acordeón diatónico es muy importante tener por lo menos una idea de lo que es la teoría musical la cual le ayudará a manejar el instrumento con más entendimiento y facilidad.

Nuestro estudio se basará en el manejo de un acordeón diatónico de tres hileras de botones para la mano derecha y doce botones para los bajos de la mano izquierda. Este sistema también se puede adaptar a cualquier acordeón diatónico, ya sea de una o dos hileras de botones.

Explicación del Acordeón de Botones

El acordeón diatónico es un instrumento portable. Compuesto por dos cajas sonoras rectangulares desiguales, las cuales contienen laminas metalicas vibrantes para producir el sonido. El acordeón está provisto de un teclado para realizar la melodía con la mano derecha (la *clave de Sol* que produce la escala mayor diatónica natural), y botones para los bajos, (la *clave de Fa* con la mano izquierda) que producen algunos tonos fundamentales y acordes. El aire es controlado por medio de una caja flexible conectada a las dos cajas sonoras que se le llama *fuelle*.

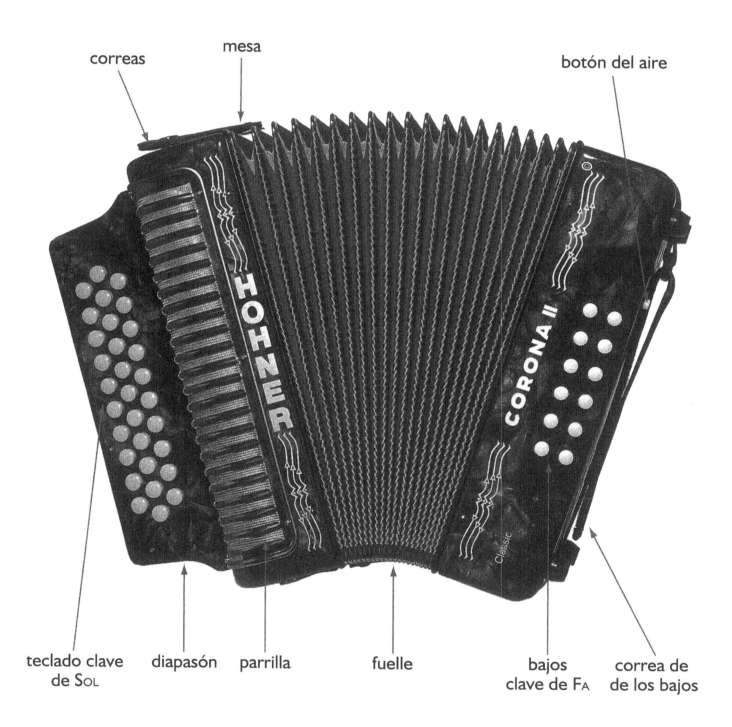

correas mesa   botón del aire

teclado clave diapasón parrilla   fuelle   bajos correa de
de Sol   clave de Fa de los bajos

Las Manos y Enumerando los Dedos

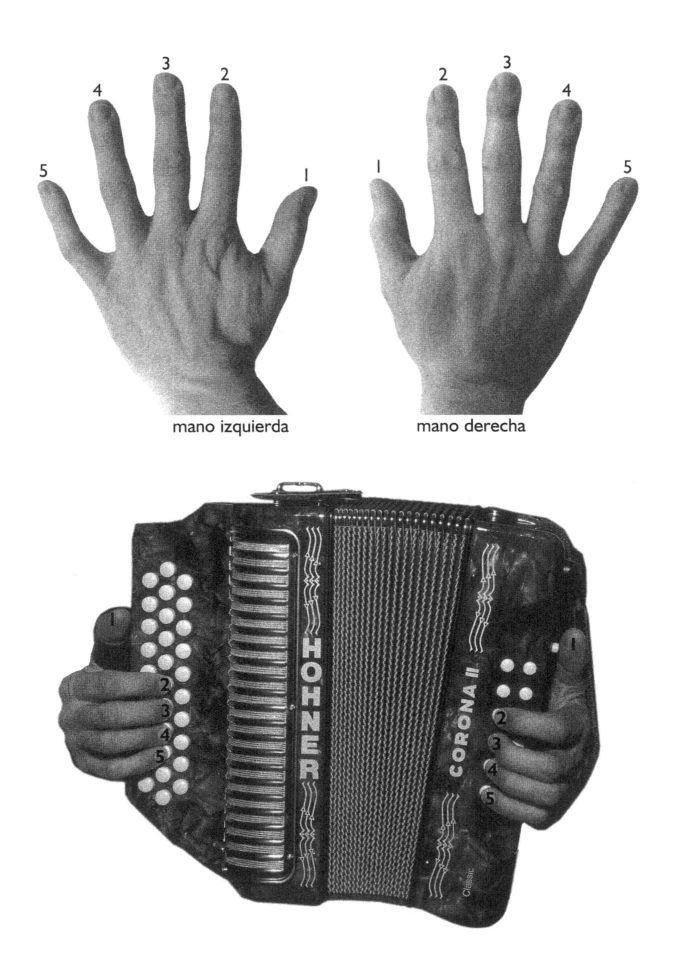

mano izquierda   mano derecha

Sosteniendo el Instrumento

Después de haberse colocado las correas con que se sostiene el instrumento, sientese en una silla sin brazos y coloque el *acordeón* sobre su pierna izquierda.

Coloque el dedo número 1 de la mano derecha a través de la correita que esta en el *diapasón*.

Coloque el dedo número 2 sobre el botón número 3 de la hilera C, despúes coloque los dedos número 3, 4 y 5 sobre los botones 4, 5 y 6 respectivamente.

Coloque la mano izquierda por debajo de la correa que se encuentra en la parte izquierda del instrumento colocando el dedo número 1 en el *botón del aire*.

Sostenga las manos en esta posición por un momento hasta que sienta que está en posición de tocar.

Extienda el *fuelle* lentamente y cierrelo usando el botón del aire, con movimiento de la mano izquierda. De nuevo extienda el fuelle y usted estará en posición, listo.

Explicación de la Tablatura

La *tablatura* es un sistema de notación parecida al sistema de música común. La tablatura del acordeón de botónes esta formada por cuatro líneas horizontales que forman tres espacios. Cada espacio representa una de las hileras de botones. Cada número representa el botón que debe pulsar, cerrando y abriendo el fuelle según se indíque. Los números entre paréntesis indican el cierre del fuelle y los números sin paréntesis indican que se abra el fuelle.

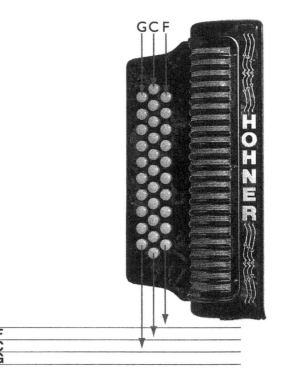

Hay dos tablaturas, una para la mano derecha y otra para la mano izquierda. En este libro le vamos a dar prioridad a la mano derecha.

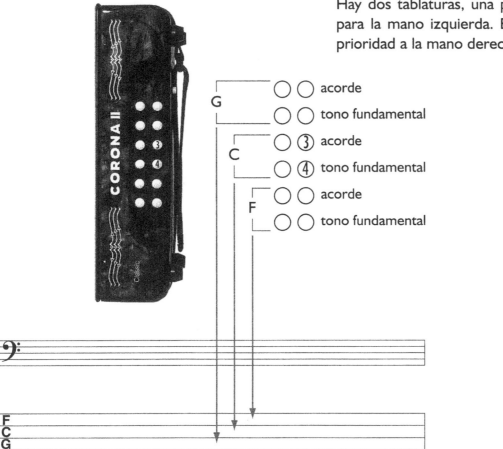

Explicación de Notación Musical Común

Para que se le haga mas fácil el aprendizaje del instrumento, es necesario tener un entendimiento fundamental de el lenguaje musical.

¿Que es la música?

La música es arte y ciencia al mismo tiempo. Tiene como base el sonido; como elemento el ritmo, la armonía, la melodía y el timbre. Es la expresión de los sentimientos, el idioma del alma.

Una nota es la representación gráfica de un sonido.

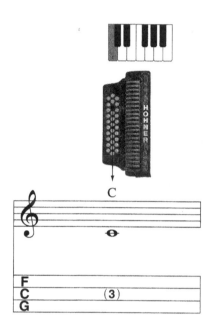

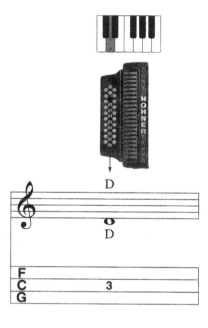

Un acorde es por lo menos tres notas tocadas a el mismo tiempo, agrupadas en terceras.

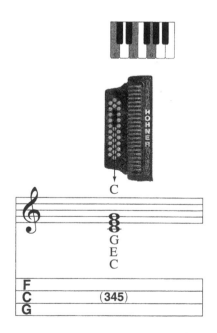

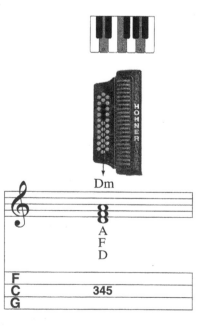

Sabemos que la música es un lenguaje y como tal necesita signos gráficos (notas) para su escritura. Estos signos (notas) se colocan en una figura llamada *pentagrama*.

el pentagrama musical

El pentagrama está compuesto por cinco líneas y cuatro espacios.

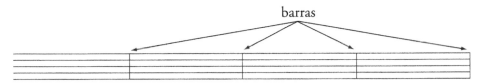

líneas   espacios

Cada línea y cada espacio representa una nota.

E   G   B   D   F   A   F   A   C   E

Los pentagramas se hallan divididos por líneas verticales a las cuales se les llama *barras*.

barras

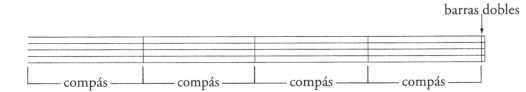

El espacio dentro las barras se llama *compás*.

barras dobles

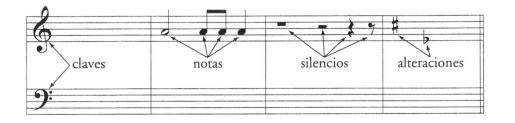

compás ——— compás ——— compás ——— compás

La *doble barra* indica el final de la canción o tema musical.

Dentro del pentagrama y en su parte superior e inferior se escriben los signos. Los principales son: las claves, las notas, los silencios y las alteraciones.

claves   notas   silencios   alteraciones

Las claves son signos que sirven para determinar el nombre de la nota y la altura del sonido. Los mas utilizados son *clave de Sol* y *clave de Fa*.

clave de Sol

clave de Fa

El sonido grave (bajo) o agudo (alto) depende de la colocación de la nota en el pentagrama.

Los sonidos altos o agudos se tocan en el lado derecho del acordeón, estos se escriben en la clave de Sol. Para los sonidos graves o bajos se usa el lado izquierdo del acordeón, y se escriben en la clave de Fa.

Tiempo de Compás

El compás es la unidad de medida de la música. Los pentagramas estan divididos por líneas verticales llamadas barras. El espacio comprendido entre dos barras se llama compás.

Cada compás posee un número de tiempos acentuados. Estos tiempos constituyen la medida exacta de la música y la combinación de estos tiempos es lo que se llama *ritmo*.

El ritmo o tiempo es indicado por los números colocados al principio de cada pieza, al lado derecho de las claves de Sol o de Fa.

El número de arriba indica la cantidad de tiempos en cada compás. Y el número de abajo indica la nota que representa un tiempo. Una nota negra vale un tiempo.

Tenemos otros *tiempos de compás* como el de $\frac{3}{4}$ (tres tiempos en cada compás) que se usa en los valses.

También tenemos el *tiempo de compás* de $\frac{2}{4}$ (dos tiempos en cada compás) que se usa mucho en las polkas, los corridos, *etc*.

El Valor de las Notas

Repaso

Mano Derecha

La primera línea (G o SOL): los botones de la línea G
estan numerados del 1 al 10.

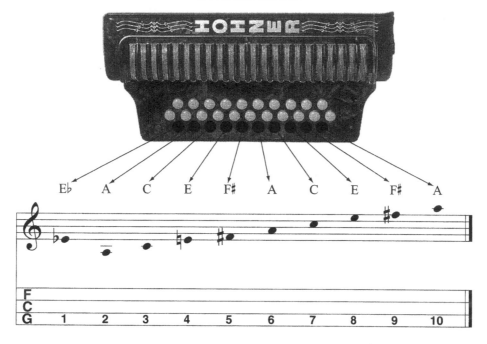

Abriendo el fuelle

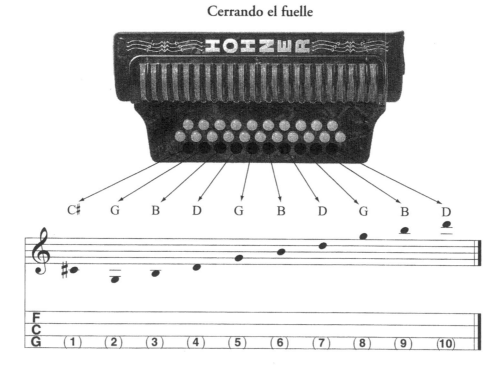

Cerrando el fuelle

La segunda línea (C o Do): los botones de la línea C
estan numerados del 1 al 11.

Abriendo el fuelle

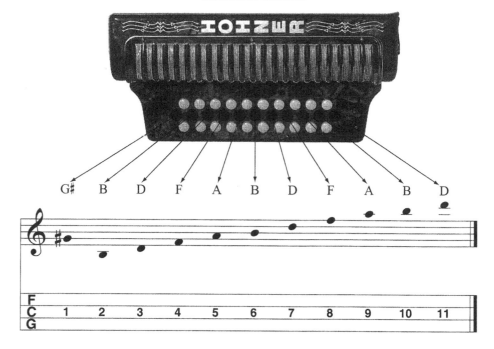

Cerrando el fuelle

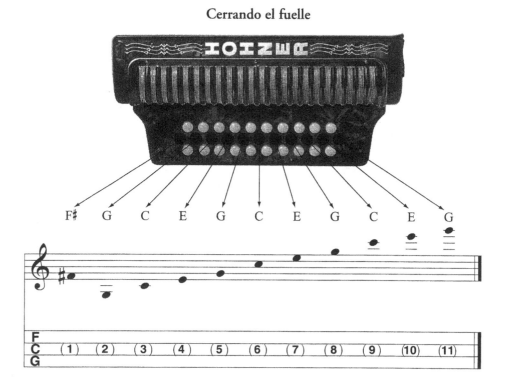

La tercer línea (F o Fᴀ): los botones de la línea F estan
numerados del 1 al 10.

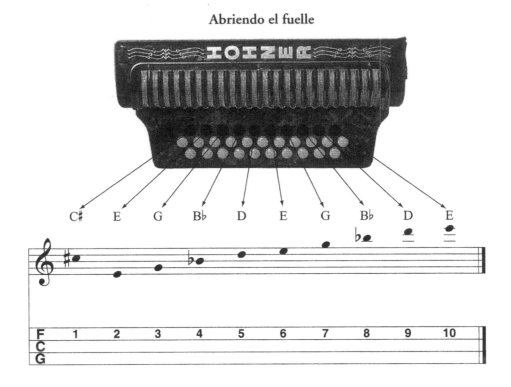

Abriendo el fuelle

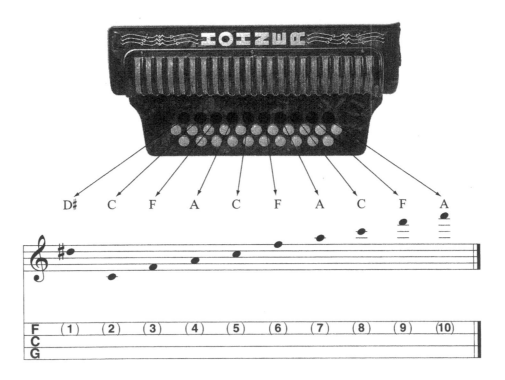

Cerrando el fuelle

Tocando el Instrumento

Extienda el fuelle y coloque el dedo número 2 de la mano derecha sobre el botón número 3 de la hilera del centro Do (C). Mantenga la nota pisada y cuente 4 tiempos marcando con el pie y cerrando el fuelle lentamente (1, 2, 3 y 4) usando un segundo por cada tiempo. La nota que usted esta pisando es el primer tono de la escala mayor llamado Do (C), la *tónica*.

Levante el dedo y (con el mismo dedo) pise el mismo botón extendiendo el fuelle lentamente contando los cuatro tiempos (1, 2, 3 y 4). La nota que suena es el segundo tono de la escala mayor llamado Re (D), la *supertónica*.

Ahora levante el dedo y pise el botón número 4 con el dedo número 3 cerrando el fuelle y contando cuatro tiempos. El tono que suena es el tercer tono de la escala mayor llamado Mi (E), la *mediante*.

Pisando el mismo botón con el mismo dedo, extendiendo el fuelle, y contando los cuatro tiempos se toca la proxima nota. Esta nota es el cuarto tono de la escala mayor llamada FA (F), la *subdominante*.

Levante el dedo y pise el botón número 5 con el dedo número 4. Ahora cierre el fuelle lentamente y cuente los cuatro tiempos. Estás produciendo el quinto tono de la escala mayor y esta nota se llama SOL (G), la *dominante*.

Tocando el mismo botón con el mismo dedo extendiendo el fuelle y contando los cuatro tiempos se produce el sexto tono de la escala mayor. Esta nota se llama LA (A), la *superdominante*.

Ahora levante el cuarto dedo y pise el botón número 6 con el dedo número 5. Abriendo el fuelle se produce el septimo tono que se llama Si (B), la *sensible*.

Pisando el mismo botón, cerrando el fuelle producirá el octavo tono de la escala de Do (C).

Ahora toque la escala mayor en forma ascendente y en forma descendente. El ejemplo contiene la escala con notación tradicional, y la tablatura. El valor de la nota es de cuatro tiempos, y se le llama *redonda* (○). Cuando toque la escala, no se olvide de contar cuatro tiempos en cada compás. Cuando usted logre hacer esto con facilidad estará listo para tocar ciertas melodías con la mano derecha.

pista 2

Escala de Do

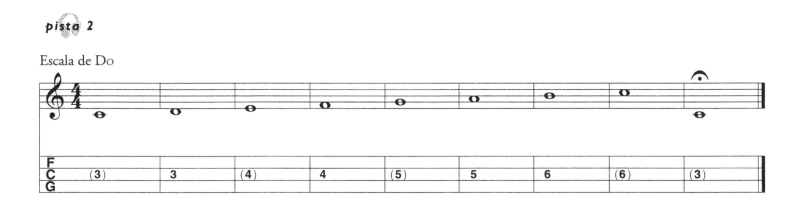

Ejercicios de Ritmo

Ahora vamos a practicar la escala con diferentes ritmos.

La blanca (𝅗𝅥)

La blanca es la nota que dura 2 tiempos, en un compás de $\frac{4}{4}$ hay 2 blancas. Practique el ejercicio varias veces hasta que sienta que ya no le cuesta trabajo tocarlo. No olvide contar en cada compás.

pista 3

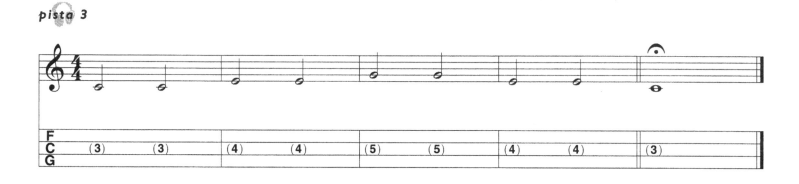

La negra (𝅘𝅥)

La negra es la nota que dura 1 tiempo, en un compás de $\frac{4}{4}$ hay 4 negras. Practique el ejercicio varias veces hasta que sienta que ya no le cuesta trabajo tocarlo. No olvide contar en cada compás.

pista 4

La corchea (𝅘𝅥𝅮)

La corchea es la nota que dura $^1/_2$ tiempo, en un compás de $\frac{4}{4}$ hay 8 corcheas. Practique el ejercicio varias veces hasta que sienta que ya no le cuesta trabajo tocarlo. No olvide contar en cada compás.

pista 5

Tocando Melodías

Ahora vamos a tocar unas melodías. Para aplicar todo
lo que hemos visto hasta ahora.

Un, Dos, Tres

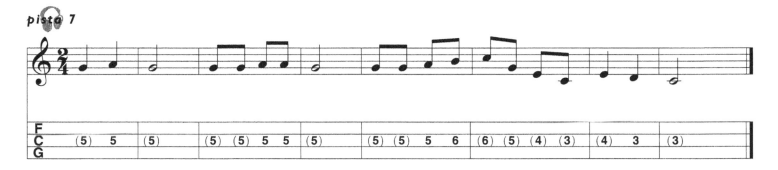

Pim-Pom

Esta es nuestra primera canción, utiliza algunos de los
valores y las notas que ha aprendido hasta este punto.

Himno a la Alegría
Una nota

pista 9

Ludwig van Beethoven

Explicación de Escalas

La *escala* es el camino que debemos seguir para interpretar una pieza musical y consiste de siete grados. Hay diferentes clases de escalas como la *escala diatónica o natural*, y las *esclas cromáticas*. Pero para el estudio del acordeón de botones, con una escala que conozcamos es suficiente. Esta es, la escala diatónica o natural.

Esta escala se llama diatónica o natural porque solamente aparece en los tonos naturales:

LA, SI, DO, RE, MI, FA, y SOL.

Que a la vez son remplazados, por las primeras siete letras del alfabeto:

A, B, C, D, E, F, y G.

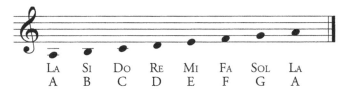

El valor completo de estos tonos está en la distancia que hay entre el uno y el otro.

La escala diatónica o natural puede ser de modo mayor o de modo menor. Pero nosotros vamos a estudiar primero la escala diatónica mayor para comprender mejor el instrumento.

La escala de DO mayor empieza en C (DO) y termina en C (DO) una octava mas alta. Esta es la escala mas común y se forma con cinco tonos y dos semitonos. Los semitonos se encuentran entre los grados 3 y 4, y 7 y 8.

Esto lo podemos ver claramente en las teclas del piano.

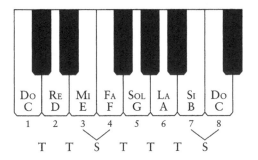

La escala mayor puede empezar en cualquiera de los tonos, pero siempre debe acomodar la fórmula de la escala mayor: Tono Tono Semitono Tono Tono Tono Semitono (TTSTTTS).

pista 10

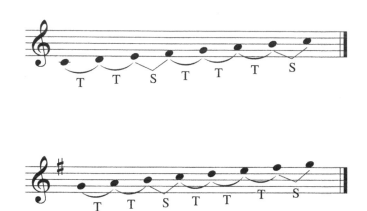

Alteraciones

El sostenido (♯) indíca que la nota se debe tocar un semitono más alto.

pista 11

El bemol (♭) indíca que la nota se debe tocarse un semitono más bajo.

Acordes

pista 12

Un *acorde* se compone de dos o más notas que se tocan simultáneamente. Por ejemplo, una *triada de* Do *mayor* se compone de tres notas; esas tres notas son los grados de la escala 1, 3 y 5 o las notas C (Do), E (Mi) y G (Sol).

acorde

A continuación te muestro los tres principales acordes que vamos a aprender en este libro: Do (C), Sol (G) y Fa (F).

Acorde de Do (C)

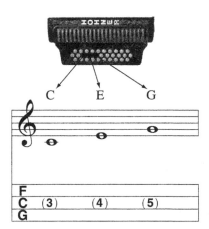

Acorde de Sol (G)

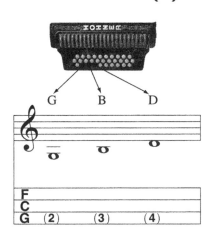

Acorde de Fa (F)

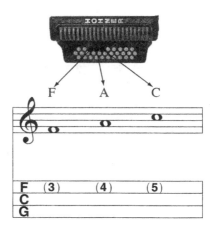

F   A   C

F	(3)	(4)	(5)
C			
G			

A continuación toca los siguientes ejercicios de estos acordes.

pista 13

	C	F	G	C	C
F		(345)			
C	(345)			(345)	(345)
G			(567)		

pista 14

	C		F		G		C		C
F			(345)	(345)					
C	(345)	(345)					(345)	(345)	(345)
G					(567)	(567)			

pista 15

	C				F				G				C				C
F					(345)	(345)	(345)	(345)									
C	(345)	(345)	(345)	(345)									(345)	(345)	(345)	(345)	(345)
G									(567)	(567)	(567)	(567)					

Arpegios

Un *arpegio* es simplemente un acorde que se toca nota por nota.

arpegio

Ahora vamos a tocar algunos ejercicios de arpegios.

pista 16

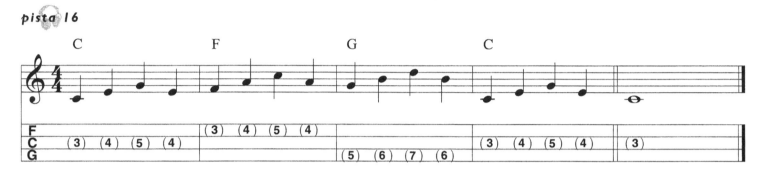

pista 17

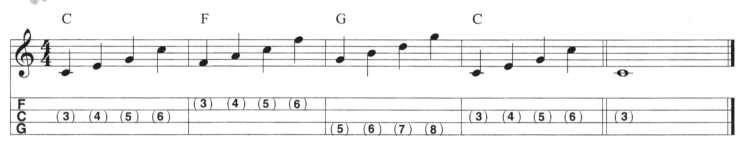

pista 18

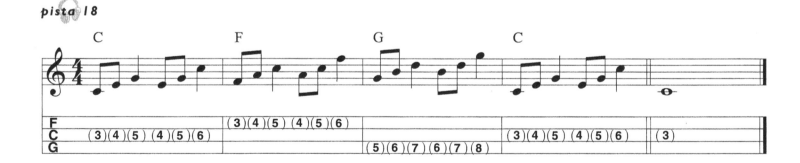

pista 19

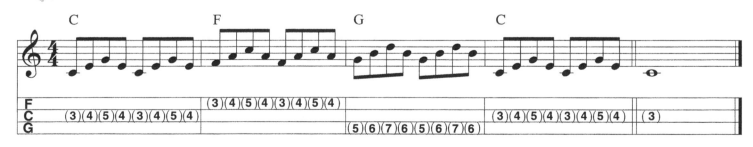

Tocando Melodías con Dos Notas

Antes de empezar a tocar las melodías, vamos a ver como se toca la escala de Do con dos notas. Recuerde practicarla ascendente y descendentemente, y no olvide contar en voz alta cada compás.

pista 20

Escala de Do
terceras

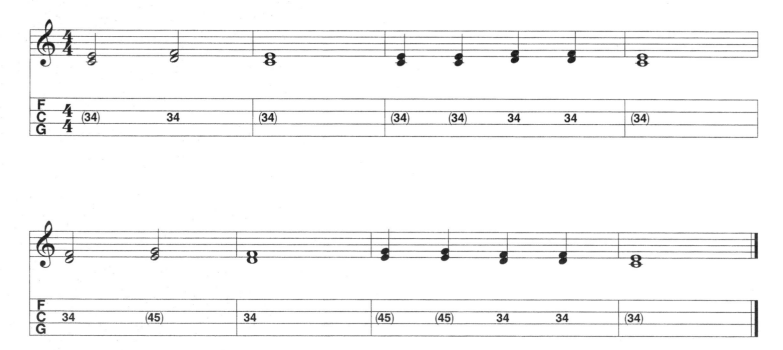

Ahora intente tocar esta melodía sencilla con dos notas. Practiquela varias veces, hasta que la pueda tocar sin dificultad alguna.

pista 21

Ahora vamos a tocar "El himno a la alegría," con dos notas. Observe como cambia el color de la melodía al tocarla con dos notas. Cuando una melodía sencilla se toca a dos notas, se enriquece mucho el sonido de esta.

HIMNO A LA ALEGRÍA
Dos notas

Ludwig van Beethoven

Tocando en ¾

El compás de ¾ es el que se usa para Vals, corridos, y otras piezas musicales. Para tocar en este compás lo único que se necesita hacer, es contar tres tiempos por cada compás en vez de cuatro. A continuación vamos a

tocar la escala de Do en ¾. El puntillo que se le añade a la nota blanca (♩·) significa que se le va a añadir la mitad del valor de la nota, es decir: $2 + 1 = 3$

pista 23

Escala de Do en ¾

Ahora vamos a tocar la misma escala, pero a dos notas. Recuerde practicar ambas escalas de manera ascendete y descendente contando cada compás.

pista 24

Escala de Do en ¾
terceras

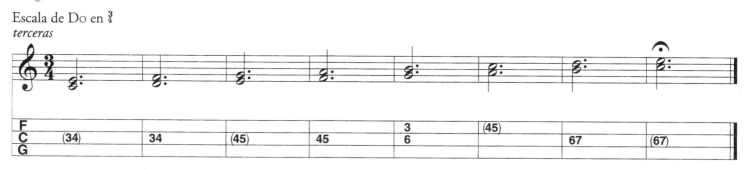

El siguiente ejemplo es la canción "Arriba Juan."

ARRIBA JUAN

pista 25

Tradicional

Ahora vamos a tocar "Cielito Lindo."

CIELITO LINDO

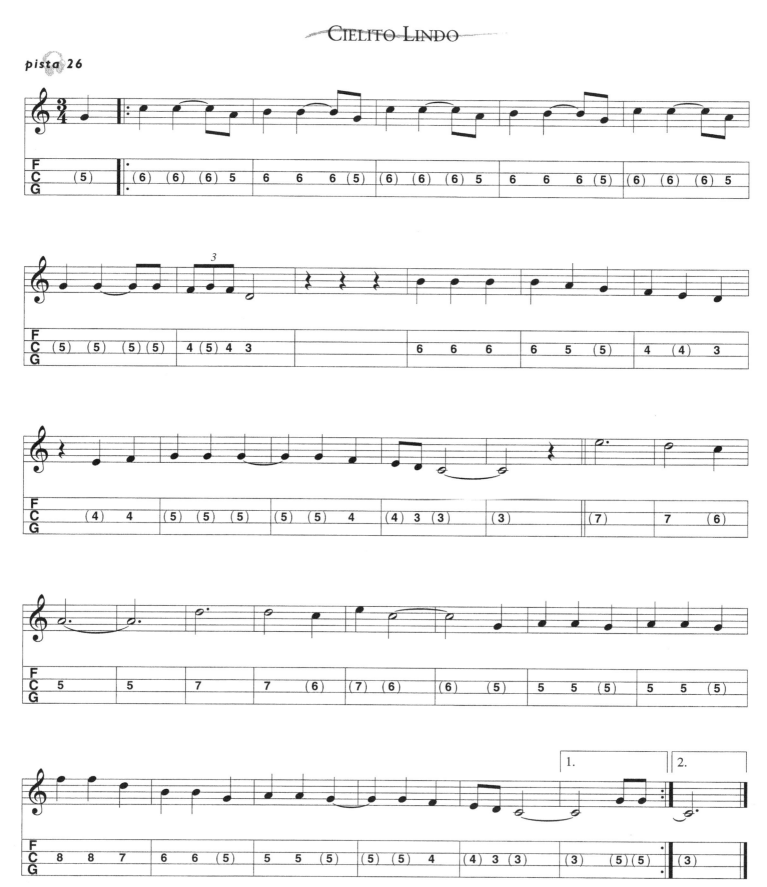

pista *27*

El siguiente es un ejercicio para practicar los arpegios y las dobles notas, este se encuentra en un compás familiar ($\frac{4}{4}$).

Tocando los Bajos

La manera típica de acompañar las melodías en el acordeón es por medio de los bajos, los cuales se tocan con la mano izquierda. Los bajos se alternan entre la tónica, la dominante, y la subdominante. A continuación te presento diferentes ejemplos de acompañamientos de bajo típicos.

pista 28

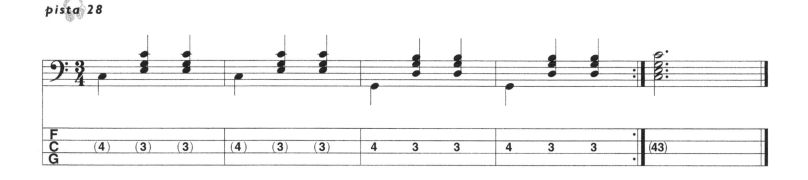

pista 29

pista 30

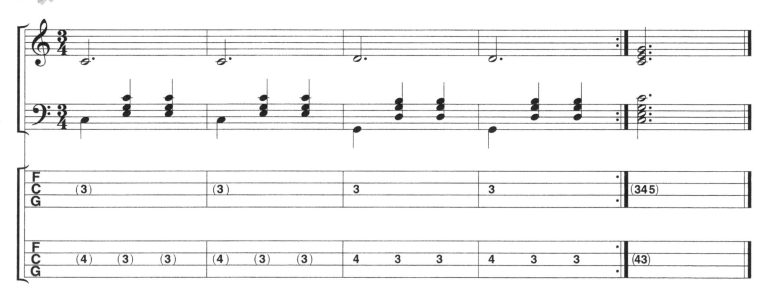

pista 31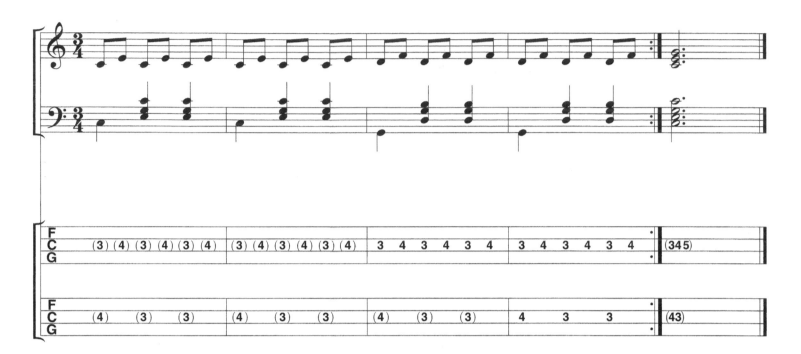

pista 32

Canciones Completas

CUMBIA CURRAMBERA

pista 33

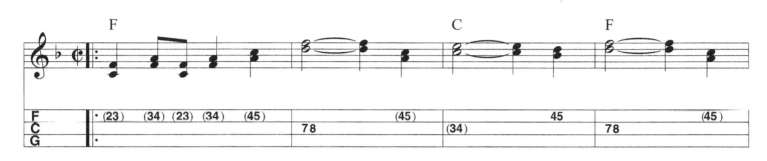

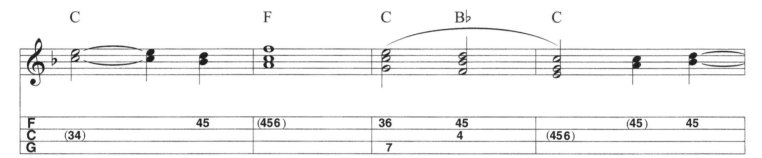

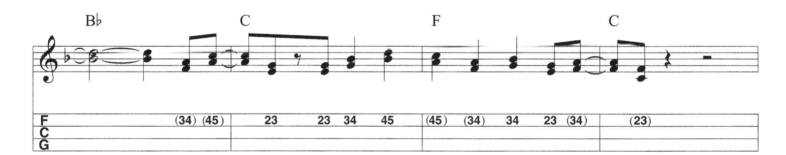

Ad libitum

LA CASA EN EL AIRE

pista 34

La Cumbia de Judy

pista 35

Jaleos

Los jaleos son los interludios musicales que se tocan en el acordeón, y que son tan caracteristicos de los diferentes estilos. Generalmente son frases melódicas que se originan como improvisaciones, pero que se repiten constantemente durante toda la canción, ya sea en su forma original, o en sus diferentes variaciones.

pista 36

pista 37

pista 38

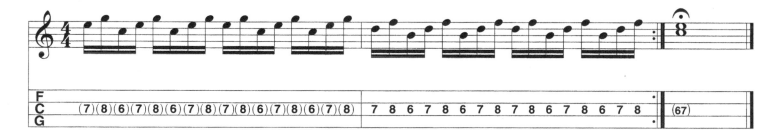

pista 39

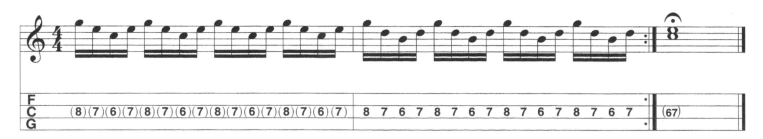

pista 40

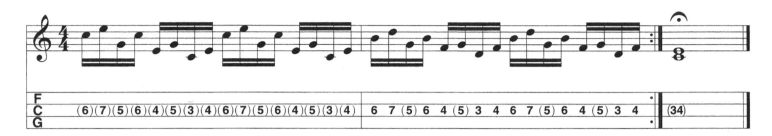

pista 41

Pista para practicar

Historia de la Música Vallenata

Por: Dagorberto Puello

La Música Vallenata está conformada por cuatro ritmos: *Paseo, Merengue, Puya y Son*. Estos son los ritmos exigidos en el Festival Vallenato que se realiza cada año en la ciudad de Valledupar, capital del departamento de Cesar, fesitval que marca la pauta en la conservación de este folklore y donde se elige al mejor "acordeonero" (interprete de acordeón) proclamandolo rey.

Según la tradición, la música que actualmente se conoce como Vallenata, a finales del siglo XIX no tenía un nombre específico, ni siquiera los cuatro ritmos musicales se habían clasificado. En ese entonces por uno de los puertos marítimos de Colombia, algún marinero de los muchos que vistiaban, introdujo un instrumento desconocido para la época, procediente de tierras lejanas. Lejos estabamos de pensar que este instrumento musical sería el rey de las parrandas y el mismo daría gloria a muchos hombres y mujeres de Colombia, un siglo después.

Pero como todas las cosas que nacen para ser grandes, el acordeón recibió rechazo de las clases sociales de aquel entonces y no era aceptado en las reuniones y festejos de los pudientes de las grandes ciudades de la costa Atlántica colombiana. Los instrumentos más usados entre ellos eran: *el piano, la guitarra, el típle, y el violín* y otros no menos sofisticados, que servían para interpretar la música procedente de las Antillas, principalmente de Cuba, que era la mayor influencia musical que existía debido a que ya las emisoras de radio recepcionadas allí, habían logrado dar en el blanco al gusto de los Costeños.

El acordeón encontró seno en las clases más populares y desde allí servía para las fiestas de los menos favorecidos económicamente. Fueron naciendo entonces ritmos que el pueblo bailaba, como *el chandé, el pajarito, la colita* y otros más que hoy en día no se conocen porque para esa época en Colombia, la industria fonográfica ni si quiera estaba en el embrión. Esos ritmos pasaron a la historia y se conocerán solo como los primeros que se interpretaron con acordeón. También se cuenta de ritmos que en otra región de la costa atlántica se interpretaron con este instrumento sonoro, los cuales son: *el porro y la Cumbia*, pertenecientes a la región sabanera, que comprendía

los departamentos de Bolívar y Córdoba (después nació Sucre). De allí la gran polémica existente sobre la introducción del acordeón a Colombia. La gente de la región de la guajira sostienen que este instrumento Alemán, llegó via Riohacha por ser el principal puerto marítimo del departamento. Por su parte, los sabaneros defienden la tesis de que el "Fuelle", llegó por el golfo del Darién, donde estaba situada Santa María, la ciudad más antigüa de Colombia. Sin embargo, se cree que la ciudad de Cartagena es la más posible receptora del acordeón, debido a que era este el puerto más frecuentado por los visitantes y además fué escenario de grandes agrupaciones musicales traidas desde Europa, para presentar conciertos en el Teatro Heredia, considerado hoy por hoy una reliquia, como todos los monumentos que posee esta Ciudad.

Para la época, las composiciones eran interpretadas con guitarras, maracas y cantante. Tal vez parodiando a las grandes agrupaciones musicales de la Antillas, que eran aceptadas a gran escala en todas las clases sociales. Pero el destino quiso que el acordeón continuara entrando en el corazón de los costeños y alguna vez a alguien se le ocurrió juntar las guitarras con éste bapuleado instrumento y se consiguió una mezcla musical que fue aceptada por un grueso número de pobladores.

Desde allí nació esta clase de conjuntos, interpretando música que aún no se llamaba *Vallenata*. Hasta mediados de 1910 aparecieron los primeros acordeoneros solistas que impusieron estilos, como Luis Enrique Martinez, Abel Antonio Villa y después de un tiempo, Alejo Durán. Estos conjuntos se caracterizaban porque el acordeonero era el mismo cantante y se hacia acompañar de una *caja* y una *guacharaca*. La primera es un tambor pequeño con cuerpo de madera tallado en su interior y con un parche que en ese entonces era de cuero, primordialmente de "cuero de chivo"; algunos cajeros utilizarón cuero de perro, siempre buscando la mejor sonoridad. Hoy en día, *la caja* posee un cuerpo bien moldeado y usa un parche especial hecho de plástico. *La guacharaca* se hace de un un arbusto que se conoce con el nombre de "lata de puas", similar a la Guadua pero más delgada y resistente. Se corta un trozo de unos treinta a cuarenta centímetros y se le saca el centro del tallo que es blando, quedando como un canal. En su "lomo" se tallan varias ranuras, que al ser frotadas con un trinche especial de metal, produce el sonido. En la actualidad ha sido reemplazado por los de metal, siempre buscando un mejor sonido (en el festival Vallenato, se exige el de madera). Su nombre proviene de un ave que canta en las serranias de la costa atlantica, y que es "ave de buen agüero" para los campesinos. Su canto se asemeja un poco al sonido de éste. Es el único instrumento autóctono con el que cuenta la música de acordeón, ya que los otros son foráneos. El acordeón es de origen Alemán y la caja de Africa.

Cuando casi llegabamos a la mitad del siglo veinte, comenzó a escucharse la palabra *Vallenato*, que provenía de los campesinos y jornaleros y que se popularizó aún más entre los músicos de la época. Pero no se le daba este título a determinado ritmo aún. Se conocía con este nombre a los habitantes del Valle de Upar, que es un valle que se extiende por todo el pié de la Sierra Nevada, al otro lado de Santa Marta, por el lado sur.

Se tocaba por tocar y nadie se preocupaba por el nombre de la música que interpretaban. Se confundían las notas de los acordeones de todas las regiones de la Costa y no interesaba si era *Sabanera, Vallenata* o de

otra región del pais. Lo más importante era hacer música y hacerla bien. En el resto de Colombia no se conocía esta música. Para la época se destacaron acordeoneros como Luis Enrique Martinez, Alejandro Durán, Abel Antonio Villa, Andrés Landero y otros no de menor importancia.

Era la bonanza de la Zona Bananera en el Departamento (provincia) de Magdalena y allí se reunían los jornaleros de todas las regiones a trabajar con la Compañia Frutera de Sevilla, como cortadores, labadores y transportadores del banano de exportación. Allí nacían en los campamentos, nuevas amistades y la primera pregunta a un desconocido al que se le quisiera saludar era: "¿y usted de donde es compa...?" La respuesta era de acuerdo a la región de procedencia. Yo soy Bolivarense; o yo soy Guajiro... o yo soy *nato del valle*... Esta última esa utilizada por los oriundos de Valledupar, quienes querian decir que eran del Valle o nativos del Valle. La descomposición de esa frase dió origen al término "*Vallenato*", que luego fue adaptado a la música de acordeón de aquella región. Es bueno decirles que el verdadero gentilicio de los nacidos en Valledupar es "VALDUPARENCES". Algunos conjuntos empezaron a utilizar el término y ya se podía, por ejemplo, escuchar a "Bovea y sus Vallenatos". El término Vallenato, también se usaba despectivamente, se le aplicaba a aquellas personas que tenian manchas.

Historia de la Cumbia

Este es el ritmo más representativo de Colombia. Sus notas músicales atravesaron desde mediados de siglo las fronteras del mundo, para mostrar de Colombia una cultura musical que casi nadie conocía. La cumbia nació en el litoral atlántico o (al norte) de Colombia, compuesto por los departamentos (provincias) de: Atlántico, Bolívar, Magdalena, Guajira, Cesar, Sucre, Córdoba y el Panamá actual, cuando hacia parte de Colombia. Su interpretación se inició con instrumentos autóctonos como *la flauta de Millo, el tambor, el llamador y las maracas ó el guache*. El ritmo hermano, la gaita, se diferencia de ella en muy pocos aspectos, siendo uno el hecho de que la cumbia se interpreta con el "pito atravesado" (Una flauta pequeña de 20cm que se hace sonar horizontalmente) y *la gaita* con los pitos de cardón, intrumento que se extrae de una planta silvestre que nace en clima caliente (similar al Cactus) cuyo corazón se utiliza para hacer el instrumento, colocando en su extremo una cabeza de cera de abejas con una punta de una pluma de ave que sirve de "boquilla", para hacer sonar los acordes a través de una hilera de huecos en el cuerpo del instrumento. Se componen de "gaita macho" y "gaita hembra" y se hace sonar con cuando se sopla aire. Su dimensión es de aproximadamente un metro y su ejecución es vertical. Una de ellas llevará el ritmo de la música en sí o la melodía y la otra se encarga de los acordes solamente. El *llamador* es un tambor alto y cónico que alegra con su sonido la melodía y se utilizan las maracas con sonido fino (El llamador toma este nombre porque en las noches de cumbiambas, al hacerse sonar este tambor desde la plaza principal de los pueblos, se escuchaba en toda la región y así la gente sabia que habia fiesta en ese sitio).

Tanto en la cumbia como en la gaita, las parejas de baile tienen un común denominador: mostrar a la mujer como un ser deseado por el hombre en cada instante de la danza. El hombre hace contorciones con su cuerpo, intentando llegar a ella, en un baile que se desarrolla alrededor del grupo musical, siendo única defensa figurada de la mujer un manojo de velas encendidas, que se agitan permanentemente para evitar que el "macho" se les acerque. En Colombia se recuerdan grupos de gaita y cumbia, que han sido escuela para las nuevas generaciones, siendo "Los Gaiteros de San Jacinto" los artífices de la popularidad

que se le dió a esta música a nivel mundial y cuya cabeza visible fue el Maestro Antonio "Toño" Fernandez, quien junto con los gaiteros recordados como Nolazco Mejía, Catalino Parra y otros no menos famosos, le dieron la vuelta al mundo mostrando esta música que es la más representativa de Colombia. La Cumbia no nació en el interior de Colombia, como ya lo dije. La Cumbia nació en la costa Atlántica y de allí salió hacia las otras regiones. Colombia es un pais privilegiado en el aspecto cultural, de allí que cada región maneje su estilo musical, como por ejemplo: La región de Antioquia (Medellín), Los Santanderes, Tolima, Huila y otros departamentos del centro se caracterizan por tener como música la de cuerda (guitarras) e interpretan ritmos como: *el pasillo, la guabina y el vals*, que son ritmos colombianos de alta calidad. En el Valle, Risaralda y Quindio se gusta mucho de la salsa y de la música de cuerdas. En la región de los llanos orientales la música preferida y autóctona es "la llanera". En fin, cada región es rica folkloricamente hablando.

Como dije antes la cumbia no se empezó a interpretar con acordeón, la fuerza que tomó este instrumento en la Costa Atlántica, llevó a algunos interpretes Vallenatos, a tomar la senda de la Cumbia. Esto se dió más que todo en las regiones de Bolívar, Cordoba y Atlántico, cuyos músicos quisieron mostrar una nueva faceta con este instrumento y diferenciarse de los de Río Magalena. Se destacaron como interpretes de Cumbia por ejemplo: Andrés Landero, Ignacio "Nacho" Paredes, Aniceto Molina, Lisandro Meza, Julio de la Ossa y otros.

La cumbia se interpreta distinto al vallenato. Por ejemplo: sus acordes son los mismos de los conjuntos de pitos, solo que con acordeón. La caja Vallenata se utiliza como marcante del ritmo, mientras que las *tumbadoras* (tambor alto y cónico)son las que marcan y acompañan más cerca la melodía del acordeón, haciendo las veces de "Caja en el Vallenato." Actualmente se hacen festivales de Gaita y cumbias en varios municipios de la Costa Atlántica, sobre todo en la región sabanera.

México ha sido un país que se ha infuenciado mucho con este ritmo y algunos se han atrevido a decir que la cumbia es mexicana. La cumbia llega a México, gracias a la llegada de interpretes colombianos como Aniceto Molina y su hermano, así como los artistas que lo vistitaron ocacionalmente, como Alfredo Gutierrez, Lisandro Meza, etc y que dejaron la semilla de este ritmo en tierra mexicana. Hoy la han modificado y utilizan el nombre de cumbia para ritmos que son muy diferentes, y distintos de la verdadera cumbia.

Glosario

Armonía: Ciencia que nos enseña a combinar los tonos y los acordes. En el Acordeón es realizada por la mano derecha y la mano izquierda al pisar determinadas notas.

Acorde: Dos o más notas consonantes que se tocan al mismo tiempo; En el Acordeón, se denomina así también el hecho de pisar tres notas simultaneamente.

Altura: Cualidad del sonido, por la cual los sonidos se dividen en agudos y graves.

Arpegio: Interpretar o tocar en forma sucesiva, los sonidos de un acorde; hay arpegios de 3, 4 o más sonidos.

A,B,C,D,E,F,G,H: Son las letras destinadas en algúnos países, para designar las notas, tomando como base, la nota "LA" -A-(Sistema cifrado).

Adornos: Son sonidos auxiliares que sirven para enriquecer y dar variedad a la melodía, los principales son: trino, trémolo, arpegio, etc.

Acordeón: Instrumento neumático, de laminas metálicas vibrantes, provisto de un teclado similar al del piano para realizar la melodía, y botones para los bajos; el aire es controlado por medio de un fuelle.

Acento: Intensidad mayor de una nota, con relación a otras.

Bajo: (En el acordeón) consiste en pisar con los dedos de la mano izquierda cualquiera de los botones del lado izquierdo del acordeón.

Bemol: Indica medio tono menos que su respectivo natural, se simboliza así: ♭

Compás: Es la unidad de medida de la música.

Cumbia: Ritmo típico de la costa atlántica de Colombia, se acompaña con instrumentos de cuerda y percusión.

Corrido: Es un ritmo típico de México, está constituido por un bajo y un acorde, en forma alternada. Ejemplo: Jalisco, Allá en el rancho grande, La lancha, etc.

Coro: Conjunto de voces que interpretan obras polifónicas; las voces se clasifican en sopranos, contraltos, tenores, baritonos y bajos.

Composición: Creación musical; es sin duda, uno de los aspectos más difíciles del arte musical, pues se necesita una buena fundamentación teórica y un imaginación excepcional.

Canción: Composición en verso, con carácter lírico y sentimental, y con música de estilo melódico y popular.

Duo: Combinación de voces o instrumentos.

Dominante: Es el quinto grado de una escala; se encuentra a tres tonos y medio de distancia de la tónica (ascendentemente). Constituye lo que se denomina en el acordeón como segunda posición

Digitación: Es el arte y la técnica de colocar los dedos correspondientes en las respectivas teclas y botones.

Descender: Movimiento de la mano derecha de abajo hacia arriba en el Diapasón del acordeón.

Dirección: Arte de conducir agrupaciones musicales: coros, bandas, orquestas, etc; el director debe tener los mejores conocimientos y aptitudes musicales.

Folklor: Música, costumbres y tradiciones de una región o pueblo.

Falsete: Forma artificial de cantar en la cual se fuerza la laringe a producir notas por encima del alcance normal de la voz.

Figuras: Caracteres que presentan la duración de los sonidos largos o breves; son siete, a saber: redonda (𝅝) blanca (𝅗𝅥), Negra (♩), Corchea (♪), Semicorchea (𝅘𝅥𝅯), Fusa (𝅘𝅥𝅰) y Semifusa (𝅘𝅥𝅱); estas guardan entre sí, una proporción matemática.

Mayor: Escala o modo que contiene dos intervalos de semitonos y 5 tonos enteros; entre su tónica y su mediante hay dos tonos completos; es de los dos modos el más brillante y alegre.

Menor: Escala con tres semitonos; un intervalo de tono y medio entre la tónica y la mediante; es el modo melancólico y con carácter más delicado.

Modo: Disposición o arreglo, de los sonidos que conforman la escala musical. Los más usados en la música popular son dos: Mayor y Menor.

Música: Arte y ciencia que tiene como base el sonido. Los elementos que la forman son: el ritmo, la armonía, la melodía y el timbre.

Música popular: Tiene su origen en la necesidad expresiva del pueblo. Su técnica, a veces es elemental, pero su texto y melodía son inspirados y gozan por lo tanto, de amplia aceptación.

Octava: Intervalo formado por dos notas, de las cuales la más alta tiene el doble de frecuencia que la baja; Distancia entre las notas extremas de una escala; contiene ocho grados. El acordeón tiene una extensión de dos octavas y media aproximadamente.

Paseo, Porro y Vallenato: Muy similares a la cumbia; proceden de diversas regiones costeñas: son de ritmo muy alegre y expresivo. Ejemplo: *El mochilón, Se va el caimán, Mi cafetal, etc.*

Paisaje: Ritmo llanero, que se cultiva por igual en Colombia y Venezuela; el auténtico sabor a este aire regional sólo se logra con el conjunto típico de los llanos: Arpa, cuatro y maracas.

Ritmo: En música, se denomina ritmo a las relaciones de duración y acentuación de los sonidos.

Relativos: Tonalidades que tienen varias notas en común. Es la tonalidad que se encuentra a una distancia de tono y medio respecto de la tónica (descendentemente). Ejemplo: Do mayor y la menor, poseen la misma armadura.

Solfeo: Así se denomina a la ciencia y el arte de leer y escribir la música, en forma ya sea hablada o cantada.

Semitono: Distancia menor entre dos notas consecutivas; medio tono.

Tiempo: Velocidad en la cual debe interpretarse una pieza. Ejemplo: moderato, allegro, etc. cada uno de los bajos o acordes en el acordeón; divisiones del compás, ejemplo: el vals es un compás de tres tiempos.

Vocalizar: Ejercicio que en el arte del canto se ejecuta sustituyendo los nombres de los sonidos por cualquiera de las vocales con el fin de lograr mayor tesitura y belleza vocal.

Acerca del Autor

Foncho Castellar es un artista internacional de gran renombre, toca el acordeón de botones acompañado de bajo, piano, guitarra y percusión. Aparte del acordeón, Foncho ha trabajado en la industria musical como compositor, liricista y vocalista. Ha grabado y tocado música por casi treinta años, particularmente enfocado en el área del vallenato y la cumbia, la música folklorica de Colombia.

Foncho nació en Barranquilla, Colombia, y empezó a tocar el acordeón de su padre a la edad de 15 años. Foncho tocó en funciones de beneficio para la policía, y en diferentes eventos en su natal Colombia, hasta que emigró a los Estados Unidos en 1974. Una vez estando ahí, estableció el grupo musical "Los Alegres de Colombia," con los cuales tocó por toda la unión americana a lado de grandes figuras de la talla de Tito Puente, José Feliciano, Oro Solido, Rubén Blades, Hector Lavoa, Junior Gonzáles, Johnny Ventura, etc.

Foncho Castellar y los Alegres de Colombia han promocionado la cumbia y el vallenato por todos los estados unidos, y es el único grupo musical dedicado a la interpretacíon de la más famosa música de su pais. Sus métodos autodidáctas para acordión de botones se venden alrededor de todo el mundo. Contribuye a la promoción y la educación cultural de su comunidad, enseñando gratis a niños y jóvenes con aspiraciones artísticas. Ha sido ganador de varios premios en festivales culturales. Recientemente tocó en el Museo Nacional de Historia en Nueva York, en Teatro del parque de Queens, en el Museo de Arte de Queens, en el Aaron Davis Hall en la Universidad de Columbia, El colegio Hostos, El Colegio Comunitario de Manhattan, El Colegio de Hartford y otros foros culturales. Foncho ha sido una pieza integral en la recaudación de fondos para los desastres en Puerto Rico, Honduras, Colombia, Ecuador y El Salvador. Es el artista favorito de el Club de Leones Colombianos, de los embajadores de Colombia en las Naciones Unidas y de los diferentes mandatarios de su tierra natal, incluyendo al presidente de Colombia. Actualmente se encuentra produciendo su tercer disco compacto.